16

供电企业生产技能人员标准化作业培训教材

干式电抗器例行检修试验

福建省电力有限公司　组编

输变电

中国电力出版社
CHINA ELECTRIC POWER PRESS

内 容 提 要

本册书是按照《供电企业生产技能人员标准化作业培训教材》体系的要求，结合生产实际编写而成。本册书共分为两大部分，第一部分介绍干式电抗器例行检修、试验的标准化作业内容，主要包括例行检修、试验标准化作业的工作流程、安全风险与预控、工作质量标准与控制等内容，结合例行检修和试验实际案例，对例行检修、试验的操作要点、关键步骤的控制、安全注意事项、管理要求等进行了具体分析。第二部分主要介绍了实际作业案例相关的标准化作业文本。

本册书作者都是长期从事电力生产一线的员工，有较为丰富的现场实际经验，所列举的案例在实际生产过程中较为典型，具有较强的生产现场指导意义。本册书可作为供电企业电网输变电工作人员的培训教学用书，也可作为电力职业院校教学参考用书。

图书在版编目（CIP）数据

供电企业生产技能人员标准化作业培训教材. 输变电/福建省电力有限公司组编. —北京：中国电力出版社，2012.12
ISBN 978-7-5123-3810-4

Ⅰ. ①供… Ⅱ. ①福… Ⅲ. ①供电－工业企业管理－标准化管理－中国－技术培训－教材 ②输电－电力系统－技术培训－教材 ③变电所－电力系统－技术培训－教材 Ⅳ. ①F426.61

中国版本图书馆 CIP 数据核字（2012）第 287838 号

中国电力出版社出版、发行
（北京市东城区北京站西街 19 号 100005 http://www.cepp.sgcc.com.cn）
北京九天众诚印刷有限公司印刷
各地新华书店经售

*

2013 年 1 月第一版 2013 年 1 月北京第一次印刷
787 毫米×1092 毫米 16 开本 84 印张 1766 千字
全册定价 **232.00** 元

编　委　会

主　　任　张　磊

副 主 任　陈卫中　李功新

成　　员　叶继宏　郑佩祥　黄文英　金昌榕　于建龙

任晓辉　邱兴平　陈大凤　张　荣　洪西卿

姚　亮　林　平　宋福海　连纪文　罗　松

林　宇　林　赟

编　写　组

主　　编　李功新

副 主 编　叶继宏　金昌榕　陈大凤　张　荣

编写组组长　林　平

成　　员　（按姓氏笔画排序）

王全兴　王恒山　叶立群　叶色亮　朱　菁

庄　严　庄沪生　刘志平　严有祥　李　春

李　超　李勇明　李积捷　李萌峰　杨文陵

杨志豪　杨建平　杨毓庆　连鸿松　肖颂勇

吴　达　吴志成　吴奇宝　吴辉煌　吴簪麟

邱振敏　沈明松　沈谢林　张绍明　陈　影

陈艺鑫　陈日坤　陈祥舒　陈朝晖　陈德兴

林　衡　林一泓　林志敏　林志强　林轶群

林海渊　欧世尧　欧永连　罗　松　罗　毅

金建宁　郑哲人　郑雄俊　郑黎斐　赵道阳

施　纬　施广宇　洪西卿　钱志立　翁晓锋

涂恩来　黄　亮　黄国敏　董　磊　傅智为

潘晨曦

前言

preface

为了更好地服务“五大”体系建设，提升生产技能人员良好的“职业化”行为习惯，建立与现场标准化作业生产环境一致的培训课程体系，福建省电力有限公司以现场标准化作业指导书为蓝本，组织开展生产技能标准化作业培训教材的编写工作。为确保教材的编写质量和进度，由总工程师李功新主抓此项工作，多次召集工作协调会，定期听取编写进度汇报；人力资源部负责教材编写的组织工作，运维检修部、科技信通部和调度控制中心负责教材编写的具体工作，福建省电力有限公司和基层单位技术专家组成教材编写与审定小组，公司培训中心负责教材编写框架和编写规范的制订、编写进度跟踪及其他协调工作。

本套教材集中了福建省电力有限公司众多专家学者的智慧，采用了全新的组织架构，突出了基于现场标准化作业的培训特色。本套教材分为配电专业、输变电专业和二次专业三本书，包括91项现场标准化作业项目（子分册），具有很强的针对性和实用性。各项目（子分册）分为两部分：第一部分介绍了各项目的工作流程、工作质量标准与控制、危险点分析与预控、管理与记录要求、作业案例等；第二部分罗列了标准化作业指导书等标准化作业文本，并结合第一部分的作业案例说明了标准化文本的填写规范。部分项目（子分册）还在附录部分对设备等内容进行了说明。

其中，配电专业分为架空线路、配电设备、计量装置及其他设备，由福建省电力有限公司运维检修部高级工程师姚亮担任编写组长，福州电业局、厦门电业局、莆田电业局、泉州电业局、漳州电业局、龙岩电业局、三明电业局、南平电业局、宁德电业局、福清电力公司、石狮电力公司、晋江电力公司、南安电力公司、长乐电力公司等单位的专家参与编写工作。输变电专业分为开关类、线圈类和架空线路及电缆，由福建省电力有限公司运维检修部高级工程师林平担任编写组长，福建省电力科学研究院、检修分公司、福州电业局、厦门电业局、莆田电业局、泉州电业局、漳州电业局、龙岩电业局、三明电业局等单位的专家参与编写工作。二次专业分为继电保护、综合自动化、直流系统和电力通信，由福建省电力有限公司调度控制中心高级工程师宋福海、科技信通部高级工程师连纪文担任编写组长，福建省电力科学研究院、检修分公司、信息通信分公司、福州电业局、厦门电业局、莆田电业局、泉州电业局、龙岩电业局、三明电业局、南平电业局等单位的专家参与编写工作。

本册由福建省电力科学研究院施广宇担任编写组长，厦门电业局刘志平、董磊主要编写，厦门电业局叶立群、林智敏等参与编写；福建省电力科学研究院施广宇主审，福建省电力科学研究院连鸿松、涂恩来、福建省电力检修公司吴达、厦门电业局刘志平、莆田电业局罗毅、泉州电业局王恒山、沈谢林、南平电业局杨建平、三明电业局李勇明等参审。

本教材在编写、审定过程中得到了福建省电力有限公司有关单位领导和专家的大力支持和帮助，在此一并感谢。同时，也感谢中国电力出版社的大力支持。

由于编者能力所限及编写时间仓促，难免存在疏漏之处，恳请各位专家和读者提出宝贵意见。

contents 目录

前言

第一部分　标准化作业培训……1

1　作业描述……1
2　工作流程……1
3　工作质量标准与控制……1
4　安全风险分析与预控……3
5　管理与记录要求……4
6　作业案例……4
思考与练习……5

第二部分　标准化作业文本……6

1　干式电抗器例行检修安全质量控制卡……6
2　干式电抗器例行试验安全质量控制卡……9
3　电气第一种工作票……12
4　干式电抗器检修报告……15
5　干式电抗器试验报告……18

思考与练习答案……19

第一部分 标准化作业培训

1 作业描述

根据安全质量控制卡的内容，介绍电抗器例行检修项目的作业步骤、安全注意事项。通过以上介绍，了解其检修试验、更换项目及质量标准要求，熟悉电抗器的检修试验记录及报告的填写、掌握编制电抗器检修试验方案。

2 工作流程

电抗器例行检修试验的工作流程如图 1-1 所示。

3 工作质量标准与控制

3.1 引用标准

Q/GDW 168—2008　《输变电设备状态检修试验规程》

国家电网生技〔2005〕173 号　《10kV～66kV 干式电抗器检修规范》

3.2 质量控制

3.2.1 导流排拆除

拆除电抗器连接板与导流排螺栓；拆除时防止螺栓滑牙；注意检查导流排是否有变形裂纹现象，导流排应无变形和裂纹。

3.2.2 本体检查

（1）检查电抗器包封与支架间紧固带是否有松动、断裂现象，紧固带不存在松动、断裂现象。

（2）检查各连接部位接触是否良好，有无烧伤痕迹，无烧伤痕迹，接触良好。必要时进行打磨处理，装配时应涂抹适量导电膏。

（3）检查紧固件有无松动现象，各紧固件应紧固无松动。

（4）检查器身及金属件有无过热现象，应无变色、过热现象。

（5）检查防护罩及防雨隔栅有无松动和破损，防护罩及防雨隔栅应完好、紧固、无破损。

（6）检查支座是否紧固并受力均匀，支座应紧固且受力均匀。

（7）检查通风道及器身的卫生，通风道应无堵塞，器身卫生无尘土、脏物，无流胶、裂纹现象。

（8）检查电抗器包封间内撑条是否完好牢固、无位移；导风撑应完好牢固、无位移。

（9）检查表面涂层是否存在龟裂脱落、变色现象；表面涂层应无龟裂脱落、变色。

（10）检查包封表面憎水性能，无浸润现象。

3.2.3 支持绝缘子检查、清扫

检查绝缘子是否完好，进行清扫。

3.2.4 电抗器试验

（1）直流电阻测量：换算至同一温度下与出厂值相比串联电抗器不大于 2%、并联电抗

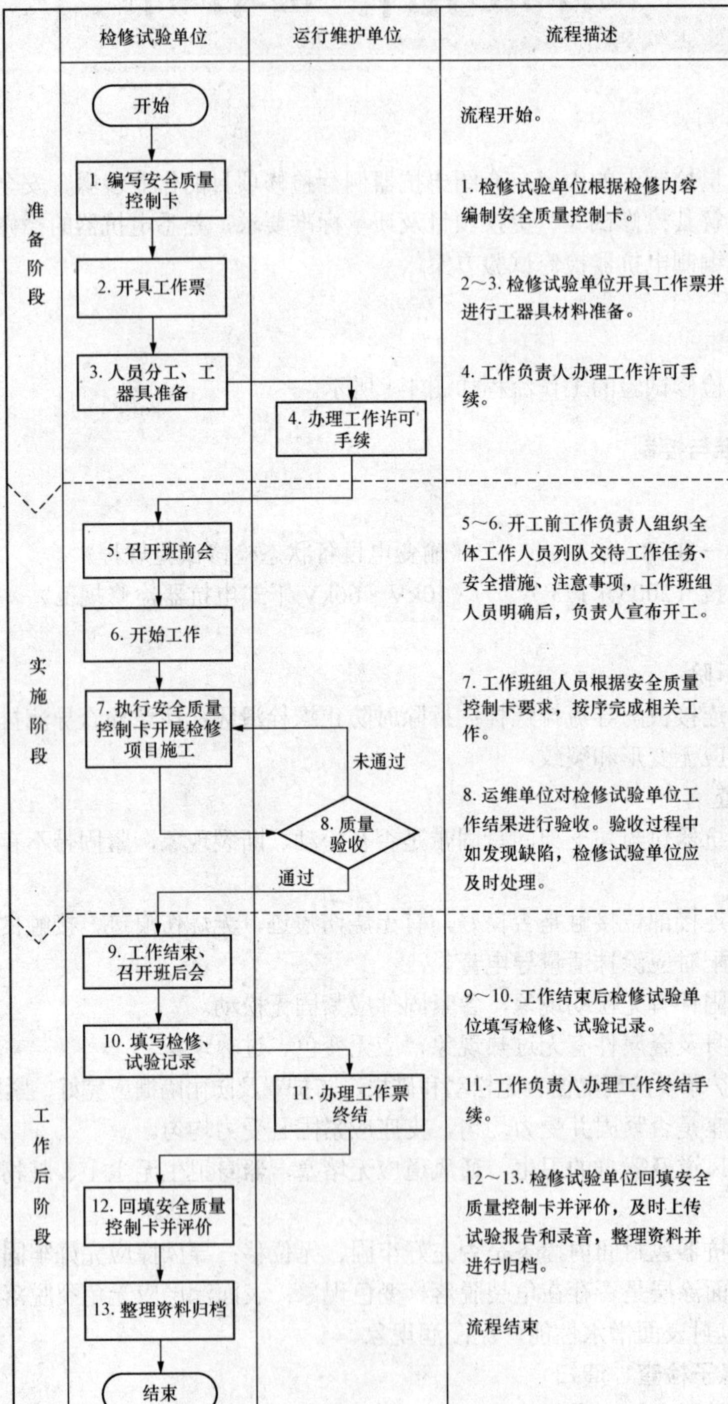

图 1-1　电抗器例行检修试验的工作流程图

器不大于1%；三相间的差别不大于三相平均值的2%；电抗器电抗测量值要求与出厂值比无明显变化（参见图1-2）。

（2）绝缘电阻测量（并联电抗器的径向必要时进行）：同一温度下与历年数据比较无明显变化（参见图1-3）。

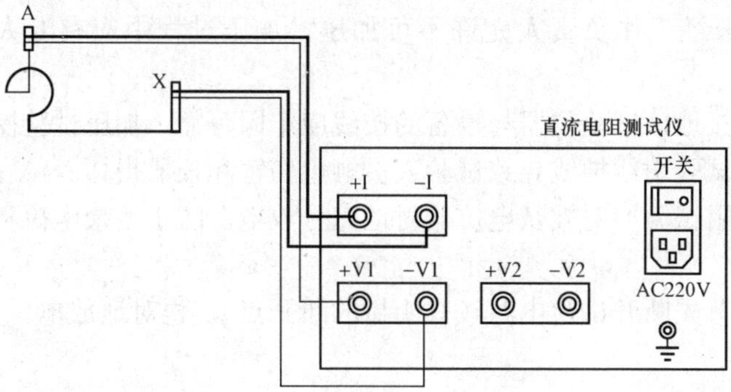

图1-2　测量电抗器绕组直流电阻试验接线（以一相为例）

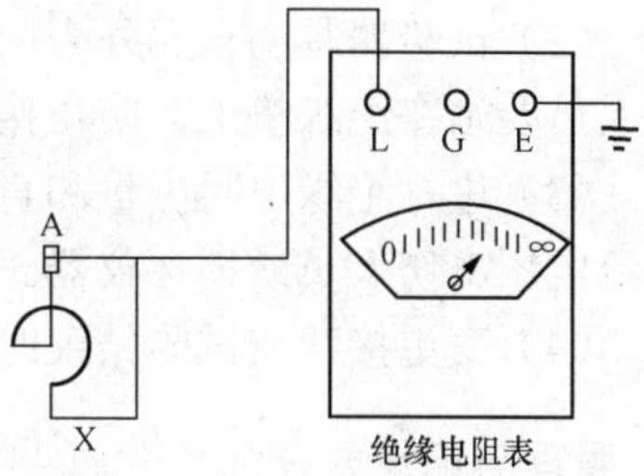

图1-3　测量电抗器对地绝缘电阻试验接线（以一相为例）

3.2.5　接地点检查

检查各接地点，焊接应牢固，接地线必要时要重新刷漆。

3.2.6　恢复引线

设备接线端子的接触表面应平整、清洁、无氧化膜，并涂以薄层电力复合脂（导电膏）；镀银部分不得锉磨。具体工艺为：对接触面进行清洁，用细钢丝刷除去表面氧化膜，使用细锉锉去的毛刺，用砂纸将接触面研磨平整（镀银层除外），再用干净的棉纱蘸无水乙醇将接触面擦拭干净，然后用去油剂除去表面上的油污，等表面干燥以后，先预涂0.05～0.1mm厚的电力复合脂（导电膏），抹平，用铜丝刷轻轻擦拭，然后除去膜层，擦拭表面、重新涂敷0.1mm厚的导电膏，最后将接触面叠合；紧固螺栓，紧固过程应对角、按力矩逐级进行紧固。

4　安全风险分析与预控

4.1　危险点1：触电

检修试验时，以下情况可能造成触电：

（1）误入带电间隔。

（2）工作人员或工器具与带电部位安全距离不够，易引起放电。

（3）感应电，易引起人身伤害意外事故。

防范措施

（1）确认现场安全措施与工作票上所列安全措施一致。

（2）进入检修现场、攀登设备前，须核对设备的双重名称、编号。

（3）工作人员或工器具随时与带电部位保持足够的安全距离；工作必须由两人以上进行，其中一人担任监护。

（4）防止感应电，在设备导电部位的工作应使用临时个人保安线。

（5）试验时需断开接地开关或接地线，须经运行值班负责人同意，试验后应及时恢复，并告知运行值班负责人，防止未恢复安全措施发生人员伤害。

4.2 危险点 2：试验操作不当导致人员伤害和仪器损坏

防范措施

（1）加压试验应装设围栏，试验过程中应有专人监护，防止非试验人员误入试验区内导致触电；试验过程应注意呼唱，未经工作负责人允许不可加压，加压过程中应有专人监护。

（2）试验器具的金属外壳应可靠接地，试验仪器与设备的接线应牢固可靠，加压试验操作人员要站在绝缘垫上，防止接地或试验引线掉线导致试验人员触电伤害和仪器损坏。

（3）进行绝缘电阻测量和直流电阻试验要对被试电抗器对地充分放电，防止残余电荷和直流电压击伤人员或损坏仪器。

（4）变更接线或试验结束时，应首先断开试验电源（有明显的断开点），再对地放电。

5 管理与记录要求

（1）召开班后会。

（2）将班前会和班后会录音上传，并做好记录。

（3）编写检修试验报告并上传。

6 作业案例

220kV××变电站×号主变压器 10kV 侧电抗器例行检修试验。现场接线方式如图 1-4 所示。

6.1 作业前准备

（1）作业文件的准备，检修前应编制完善的班组安全质量控制卡。

（2）工器具、材料及防护用品，现场检修应具备充足的合格材料和完备的工艺装备和测试设备，开工前三天应按班组安全质量控制卡上的明细表进行清理好。

1）备品备件：螺栓。

2）材料：棉布、酒精、导电膏、移路多。

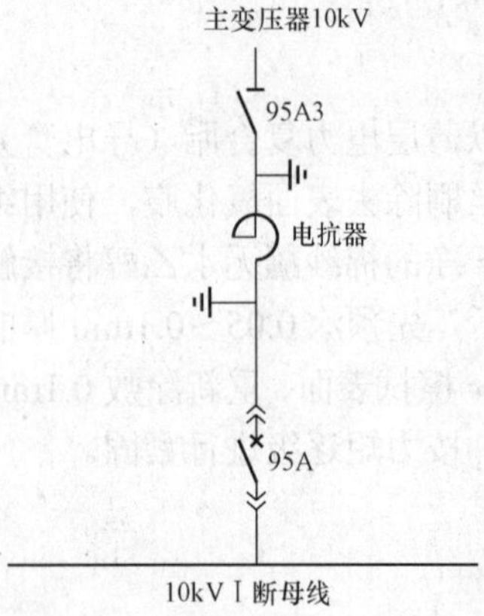

图 1-4 现场接线方式

3）工器具。包括：①专用工器具：如力矩扳手、各种规格的扳手等；②测试设备：直流电阻测试仪、绝缘电阻表等。

（3）到达现场后，经工作许可后开始工作。

1）召开班前会。

2）危险点交待及工作分工。

3）根据现场情况布置现场措施。

6.2 作业中控制

（1）拆除电抗器导流排连接处的螺栓，如图 1-5 所示。

（2）电抗器包封与支架间紧固带应不存在松动、断裂现象。

（3）各连接部位应接触良好，无烧伤痕迹，必要时进行打磨处理，装配时应涂抹适量导电脂。

（4）支座绝缘及支座应紧固并受力均匀，如图 1-6 所示。

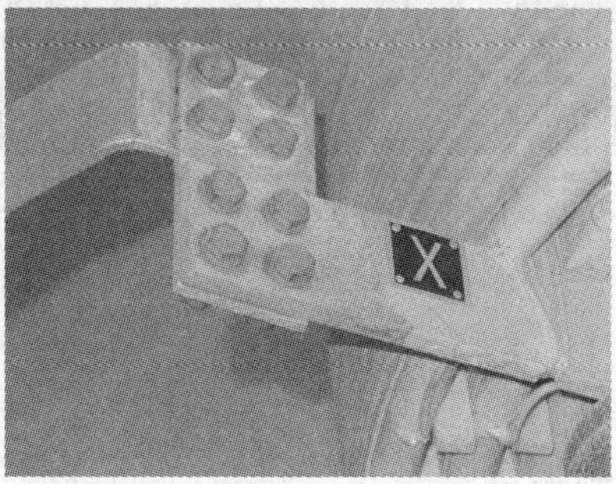

图 1-5　导流排连接处的螺栓拆除

图 1-6　支座绝缘及支座应紧固并受力均匀

（5）通风道无堵塞，器身卫生无尘土、脏物，无流胶、裂纹现象。

（6）电抗器包封间内撑条应完好牢固、无位移，见图 1-7。

（7）表面涂层应无龟裂脱落、变色；包封表面憎水性能良好，见图 1-8。

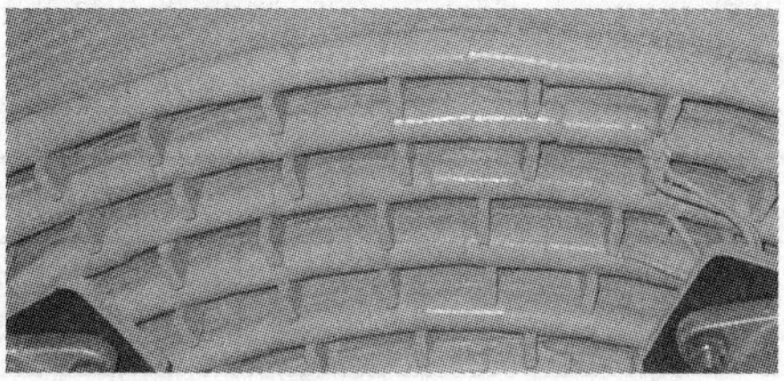

图 1-7　电抗器包封间内撑条应完好牢固

图 1-8　表面涂层应无龟裂脱落

（8）恢复电抗器导流排的连接。

（9）现场整洁无遗留物，设备上无遗留工器具。

（10）填写检修记录，工作票终结。

6.3　作业后小结

（1）召开班后会。

（2）上传检修报告和录音。

（3）工作票、安全质量控制卡归档。

思考与练习

1．干式电抗器例行检修项目及质量要求。

2．干式电抗器例行检修试验时，哪些情况可能造成触电？应如何防范？

3．请简述导流排接线端安装的工艺要求。

第二部分 标准化作业文本

1 干式电抗器例行检修安全质量控制卡

班组作业安全质量控制卡

作业名称：220kV××变电站×号变压器 10kV 侧串联电抗器例行检修

工作负责人编写：________审核：________批准：________

作业性质：××× 计划时间：___年__月__日__时__分至___年__月__日__时__分

1 作业前

1.1 作业前内业准备

序号	名　称	规　格	单位	数量	确认
1. 现场勘察 * 确认栏内需签字确认		勾选：☐已勘察　☐无需勘察			
2. 工器具					
2.1	标准工器具		套	1	
2.2	仪器		套	1	
2.3	梯类		套	1	
2.4	其他		套	1	
3. 材料					
3.1	材料		套	1	
4. 防护用品					
4.1	安全带	双控 2m	条	2	
5. 作业文件					
5.1	工作票编号				
5.2	作业文件（说明书、图纸）				
6. 其他（录音笔、红马甲）					

1.2 出工准备

序号	名　称	确认
1	班组班前会	
2	出工三检查、独木桥制度	

2 作业中

2.1 作业组班前会

2.1.1 本作业危险点分析及安全措施交底

序号	危险点分析	安全控制措施	确认
1	套管（瓶）检修中工具击伤人员或套管	检修时，戴手套并使用合适的工具，用破布包裹相邻的套管（瓶）	

2.1.2 其他班组间配合或交叉作业危险点分析及安全措施交底

序号	相关班组	危险点分析	安全控制措施	确认
1	高压班	高压试验与检修工作交叉进行易发生人身伤害事故	试验前，确保检修人员已撤离试验区域。试验中大声唱和	

2.1.3 安全措施确认

我已知晓上述工作地点、工作内容、停电范围、作业分工、危险点及安全控制措施，精神状态良好。 确认签字：

2.2 关键工序安全质量控制

序号	关 键 工 序	质量安全控制	确认
干 式 电 抗 器			
1	检查拆除导流排接头	注意有无变形、断裂，发热迹象	
2	检查电抗器包封与支架间紧固带	紧固带不存在松动、断裂现象	
3	检查支座绝缘及支座	支座紧固且受力均匀	
4	检查检查通风道及器身的卫生	通风道无堵塞，器身卫生无尘土、脏物，无流胶、裂纹现象	
5	检查电抗器包封间情况	表面涂层有无龟裂脱落、变色，涂层完好无龟裂；包封表面憎水性能，无浸润现象	
6	卫生清扫、其他常态维护（相色油漆、除锈补漆、热缩包扎、缺陷处理）	注意检查加热器、排风系统是否正常工作	
7	导流排接头恢复	紧固过程应按力矩要求对角逐步紧固	

2.3 作业验收

2.3.1 检修人员验收

序号	验 收 内 容	确认
1	检查干式电抗器外观、热缩包扎	
2	检查干式电抗器各处均已紧固，目测弹簧垫收缩到位	
3	检查被检修设备是否有遗留物，被检修设备是否已恢复至检修前状态	
4	缺陷处理情况自查	
5	工作负责人验收签字：	

2.3.2 运维人员验收

运维人员验收： 检修记录已登记，现场已验收合格。　　　　　运维人员确认签字：

2.4 作业组班后会

序号	项　　目	确认
1	作业组班后会	
2	存在问题及措施：	

3 作业后

3.1 作业后内业工作

序号	项　　目	内　　容	确认
1	生产管理系统流程运转	缺陷流程运转、检修报告编写上传、完成时限填写、完成设备作业后评估	
2	录音上传	工作票录音	
3	作业文件归档	安全质量控制卡、工作票、检修报告	

3.2 作业评价

评价情况：经检查，本控制卡________，存在____问题，已向____________提出。

检查人：__________

____年____月____日

2 干式电抗器例行试验安全质量控制卡

班组作业安全质量控制卡

作业名称：××变电站×号主变压器10kV侧电抗器例行试验

工作负责人编写：______ 审核：______ 批准：______

作业性质：__多专业__ 计划时间：___年__月__日__时__分至___年__月__日__时__分

1 作业前

1.1 作业前内业准备

序号	名称	规格	单位	数量	确认
1．工器具					
1.1	标准工具箱	标准	套	1	
1.2	仪器	详见仪器配置表	套	1	
1.3	电源盘	标准	套	1	
2．材料					
3．防护用品					
3.1	安全带	标准	条	1	
3.2	绝缘垫	标准	块	1	
3.3	安全围栏	标准	盘	1	
4．作业文件					
4.1	工作票编号				
4.2	作业文件（设备评估表、台账资料、历史试验记录、试验标准等）				
5．其他（录音笔、红马甲）					

1.2 出工准备

序号	名　　称	确认
1	班组班前会	
2	出工三检查、独木桥制度	

2 作业中

2.1 作业组班前会

2.1.1 本作业危险点分析及安全措施交底

序号	危险点分析	安全控制措施	确认
1	工器具不合格	检查安全工器具、劳动防护用品是否合格齐备	

表（续）

序号	危险点分析	安全控制措施	确认
2	作业人员在无人监护情况下进入作业现场可能会走错间隔或与带电设备的安全距离不够	现场试验工作必须严格执行工作票制度、工作许可制度、工作监护制度、工作间断、转移和终结制度，工作前应认真核对设备名称、编号、工作地点，不得移开或越过安全遮栏	
3	不设安全围栏，可能会使非试验人员进入试验场地，造成触电	试验现场装设安全遮栏或围栏，遮栏或围栏与试验设备高压部分应有足够的安全距离，向外悬挂“止步，高压危险”的标示牌，并有专人监护，严禁非试验人员进入试验现场	
4	试验设备接地不良会对试验人员造成伤害	非金属外壳的仪器，应与地绝缘；金属外壳的仪器和变压器外壳应接地。试验装置的电源开关，应使用有明显断开点的双极开关，并有可靠的过载保护装置	
5	加压时无人监护，可能会造成误加压或非试验人员误入试验场地造成触电	试验过程应有专人监护并呼唱，当出现异常情况时，应立即停止试验，降低电压，断开电源，对被试品进行接地放电后再对其进行检查，查明原因后，方可继续试验	
6	变更试验接线或加压试验结束时，没有对试品进行充分放电可能会发生电击	变更试验接线或加压试验结束时，应首先断开试验电源、先用电阻放电，然后接地，并将升压设备的高压部分放电、短路接地。对于未安装接地线的大容量被试设备，实验前应充分放电，高压直流试验时，每告一段落或试验结束时，应将试品通过电阻放电然后接地	
7	自感电动势伤人	直流电阻测量时开合电源瞬间，不得接触绕组线端	
8	工作结束后，设备未恢复到许可前状态造成设备损坏、人身伤害	试验结束后，试验人员应对被试设备进行检查和清理现场，应特别注意检查设备上有无遗留工器具和临时安装的接地线，并将被试设备恢复到许可前状态	

2.1.2 其他班组间配合或交叉作业危险点分析及安全措施交底

序号	相关班组	危险点分析	安全控制措施	确认
1	检修班	人身触电	试验前，应与其他班负责人互相协调，试验时应有专人监护，在进行高压试验后应对试品充分放电	

2.1.3 安全措施确认

我已知晓上述工作地点、工作内容、停电范围、作业分工、危险点及安全控制措施，精神状态良好。 确认签字：

2.2 关键工序安全质量控制

序号	关键工序	质量安全控制	确认
		电抗器	
1	绝缘电阻测试	1．将不同温度下的绝缘值换算到同一温度下 $R_2=R_1\times1.5^{(t_1-t_2)/10}$，与上一次试验结果相比应无明显变化，一般不低于上次值的70%。（式中 R_1、R_2 分别为在温度 t_1、t_2 下的绝缘电阻值）；35kV及以上应测量吸收比（10～30℃范围）不低于1.3。 2．绝缘电阻值与出厂值比较应无明显差别。 3．与以前测试结果相比无显著差别	
2	绕组直流电阻测试	1．各相绕组电阻相互间的差别，不应大于三相平均值的2%。无中性点引出的绕组，线间差别不应大于三相平均值的1%。 2．不同温度下的电阻值按下式换算	

表（续）

序号	关键工序	质量安全控制	确认
电抗器			
2	绕组直流电阻测试	$$R_2 = R_1\left(\frac{T+t_2}{T+t_1}\right)$$ 式中 R_1、R_2 分别为在温度 t_1、t_2 时的电阻值；T 为计算用常数，铜导线取 235，铝导线取 225。 3．电抗值测试值与出厂值对比无明显变化	

2.3 作业验收

2.3.1 检修人员验收

序号	验收内容	确认
1	试验项目是否已全部完成	
2	工作场地的卫生清洁工作是否已完成，全部工器具及材料是否已全部收回	
3	检查被测设备是否有遗留物，被测试设备是否已恢复至试验前状态	
4	工作负责人验收签字：	

2.3.2 运维人员验收

运维人员验收：
检修记录已登记，现场已验收合格。　　　　运维人员确认签字：

2.4 作业组班后会

序号	项目	确认
1	作业组班后会	
2	存在问题及措施：	

3 作业后

3.1 作业后内业工作

序号	项目	内容	确认
1	生产管理系统流程运转	报表编写上传、完成时限填写、完成设备作业后评估	
2	录音上传	工作票录音	
3	作业文件归档	安全质量控制卡、工作票、报表	

3.2 作业评价

评价情况：经检查，本控制卡__________，存在____________________问题，已向__________提出。

检查人：__________

____年____月____日

3 电气第一种工作票

××××电业局（供电公司）

电气第一种工作票

编号：×××××

1. 部门：检修试验单位 工作班组：××× 工作负责人：×××

2. 工作班人员：×××

共 × 人

3. 工作任务：

工 作 地 点	工 作 内 容
220kV××变电站×号主变压器 10kV 侧串联电抗器	220kV××变电站×号主变压器 10kV 侧串联电抗器例行检修试验

4. 计划工作时间：自____年___月___日___时___分至 _____年___月___日___时___分

5. 安全措施：

电气接线图或必要时可附页绘图说明。

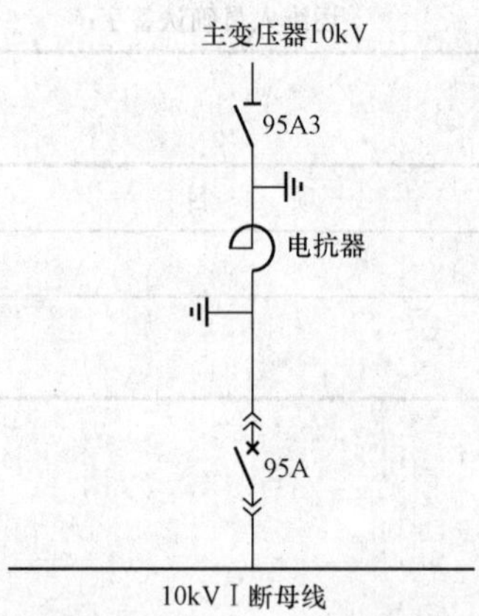

许可前由工作许可人会同工作负责人到现场逐项检查核对后在已执行栏打√。

序号	应断开的断路器、隔离开关，应取下的熔丝，应解除的继电保护连接片等（包括填写前已断开、取下、解除的）注明编号	已执行
1	断开 95A 断路器	
2	断开 95A 断路器直流控制电源	
3	拉出 95A 手车断路器至试验位置	
4	断开 95A3 隔离开关	
序号	应装接地线、应合接地开关（注明接地线具体位置，并留出空位由许可人注明接地线编号）	已执行
1	在×号主变压器 10kV 侧串联电抗器靠 95A 断路器处装设一组 接地线	

表（续）

序号	应装接地线、应合接地开关（注明接地线具体位置，并留出空位由许可人注明接地线编号）	已执行
2	在×号主变压器 10kV 侧串联电抗器靠 95A3 隔离开关处装设一组　接地线	
序号	应设遮栏、应挂标示牌、防止二次回路误碰的措施	已执行
1	在 95A 开关柜中柜门上挂“禁止合闸，有人工作”标示牌，将 95A 断路器控制方式由“远方”切换至“就地”位置，并在断路器操作把手上挂“禁止合闸，有人工作”标示牌	
2	在 95A3 隔离开关操作把手上挂“禁止合闸，有人工作”标示牌	
3	在×号主变压器 10kV 侧串联电抗器上挂一“在此工作”标示牌，并在其四周设遮栏，上挂适量“止步，高压危险”标示牌（面朝检修设备），并在围栏出入口处挂一“从此进出”标示牌	

工作地点保留带电部分（或注意事项）签发人或工作负责人填写	补充工作地点保留带电部分和安全措施许可人填写
95A3 隔离开关靠主变压器 10kV 侧在运行中	
10kV Ⅰ段母线在运行中	

二次工作安全措施票（票号）：____××××____

工作票签发人签名：____×××____ 签发日期：__××__年__×__月__×__日__×__时__×__分

收到工作票时间：______年____月____日____时____分 值班人员签名：________

6．确认本工作票 1~5 项

许可开始工作时间：____年______月______日______时______分

工作许可人签名：______________ 工作负责人签名：______________

7．工作人员变动：

增添人员姓名	日	时	分	工作负责人签名	离去人员姓名	日	时	分	工作负责人签名

8．工作负责人变动：

原工作负责人________________离去，变更________________为工作负责人，

变动时间：____年___月___日___时___分 工作票签发人签名：__________

9．工作票延期：有效期延长到：__________年____月____日____时____分，

工作负责人签名：__________ 值长或值班负责人签名：__________

10．每日开工和收工时间（使用一天的工作票不必填写）

收工时间				工作负责人	工作许可人	开工时间				工作许可人	工作负责人
月	日	时	分			月	日	时	分		

11．工作结束：设备及安全措施已恢复至开工前状态，现场已清理完毕，工作班人员已全部撤离。全部工作于________年___月___日___时___分结束。

工作负责人签名：__________　　工作许可人签名：__________

12．工作票终结：临时遮栏、标示牌已拆除，常设遮栏已恢复。接地线编号__________________________等共____组、接地开关（小车）共____副（台）未拆除或拉开，已汇报调度。

工作许可（当值）人签名：__________时间________年____月____日____时___分

13．备注：

（1）检修工作中允许试分合的设备：

允许试分合的设备	解锁执行人	解锁时间	操作人	监护人	操作设备时间
		日　时　分			日　时　分
		日　时　分			日　时　分
		日　时　分			日　时　分
		日　时　分			日　时　分

（2）工作负责人指定专职监护人：

第一组_____负责监护____。

第二组_____负责监护____。

第三组_____负责监护____。

（3）其他补充安全措施：____

____

____

（4）其他事项：____

____

14．交任务、交安全措施确认：我对工作负责人布置的工作任务及安全措施已明白无误，所有安全措施已能确保我的工作安全。

工作班人员签名：____

____

____

15．评价情况：经检查本票为______票，存在________________________

____问题，已向_______指出。

检查人：____________________

_____年____月____日

干式电抗器检修报告

变电站名称：________________

运 行 编 号：________________

编　　　写：________________

审　　　核：________________

批　　　准：________________

单　　　位：________________

年　　月　　日

干式电抗器检修及验收表

<table>
<tr><td colspan="2">变电站名称：</td><td>运行编号：</td></tr>
<tr><td colspan="2">相　　别：</td><td>型　　号：</td></tr>
<tr><td colspan="2">生产厂家：</td><td>出厂编号：</td></tr>
<tr><td colspan="2">出厂日期：　　年　　月　　日</td><td>投运日期：　　年　　月　　日</td></tr>
<tr><td colspan="2">检修原因：</td><td>检修地点：</td></tr>
<tr><td colspan="3">本次检修时间：　　年　　月　　日　　时　至　　年　　月　　日　　时</td></tr>
<tr><td>天　　气：</td><td>环境温度：</td><td>相对湿度：</td></tr>
</table>

<table>
<tr><td rowspan="4">班组填写</td><td>检修中处理的主要缺陷：</td></tr>
<tr><td>检修中遗留的问题：</td></tr>
<tr><td>检修结论：</td></tr>
<tr><td>检修工作负责人：</td></tr>
<tr><td rowspan="3">部门填写</td><td>验收意见：</td></tr>
<tr><td>检修后设备评级：</td></tr>
<tr><td>参加验收人员：
验收日期：　　年　　月　　日</td></tr>
</table>

检修质量控制表

序号	检修项目	质量要求	检修结果	检修人员签名
1	检查电抗器上下导流排是否有变形、裂纹现象	导流排应无变形和裂纹		
2	检查包封与支架间紧固带是否有松动、断裂现象	紧固带无松动、断裂现象		
3	检查各连接部位应接触良好，无烧伤痕迹，必要时进行打磨处理，装配时应涂抹0.1mm厚导电膏	无烧伤痕迹，接触良好		
4	检查紧固件有无松动现象	紧固、无松动		
5	检查器身及金属件有无过热现象	无变色、过热现象		
6	检查防护罩及防雨隔栅有无松动和破损	完好、紧固、无破损		
7	检查支座绝缘及支座	支座绝缘良好，支座紧固且受力均匀		
8	检查通风道及器身的卫生	通风道无堵塞，器身卫生无尘土、脏物		

表（续）

序号	检 修 项 目	质 量 要 求	检修结果	检修人员签名
9	检查电抗器包封间内撑条是否完好牢固	完好、牢固		
10	检查表面涂层无龟裂脱落，必要时进行处理	涂层完好无龟裂		
11	检查表面憎水性能	无浸润现象		
12	对半芯电抗器还应检查铁芯有无松动及是否有过热现象	铁芯应紧固无松动、无过热现象		
13	绝缘子检查、清扫	绝缘子无异常、干净		
检修工作负责人签名：		检修时间：		

5 干式电抗器试验报告

干式电抗器试验报告

一、环境条件： 温度：____℃ 湿度：____%； 试验日期：____年____月____日

二、名牌参数表：

相别	型号	额定电压	额定容量	制造厂家	出厂日期	出厂编号
U						
V						
W						

三、试验项目及结果：

试验项目	相别		
	U	V	W
直流电阻 （mΩ）			
绝缘电阻 （MΩ）			
试验结论：			

试验人员：　　　　审核人员：

思考与练习答案

1．答：（1）检查电抗器上下导流排是否有变形裂纹现象，导流排应无变形和裂纹。

（2）检查电抗器包封与支架间紧固带是否有松动、断裂现象，紧固带不存在松动、断裂现象。

（3）检查各连接部位接触是否良好，有无烧伤痕迹，无烧伤痕迹，接触良好。必要时进行打磨处理，装配时应涂抹适量导电膏。

（4）检查紧固件有无松动现象，各紧固件应紧固无松动。

（5）检查器身及金属件有无过热现象，应无变色、过热现象。

（6）检查防护罩及防雨隔栅有无松动和破损，防护罩及防雨隔栅应完好、紧固、无破损。

（7）检查支座是否紧固并受力均匀，支座应紧固且受力均匀。

（8）检查通风道及器身的卫生，通风道应无堵塞，器身卫生无尘土、脏物，无流胶、裂纹现象。

（9）检查电抗器包封间导风撑条是否完好牢固、无位移；导风撑应完好牢固、无位移。

（10）检查表面涂层是否存在龟裂脱落、变色现象；表面涂层应无龟裂脱落、变色。

（11）检查包封表面憎水性能，无浸润现象。

2．答：检修试验时，以下情况可能造成触电：

（1）误入带电间隔。

（2）工作人员或工器具与带电部位安全距离不够，易引起放电。

（3）感应电，易引起人身伤害意外事故。

防范措施：

（1）确认现场安全措施与工作票上所列安全措施一致。

（2）进入检修现场、攀登设备前，须核对设备的双重名称、编号。

（3）工作人员或工器具随时与带电部位保持足够的安全距离；工作必须由两人以上进行，其中一人担任监护。

（4）防止感应电，在设备导电部位的工作应使用临时个人保安线。

（5）试验时需断开接地刀闸或接地线，须经运行值班负责人同意，试验后应及时恢复，并告知运行值班负责人，防止未恢复安全措施发生人员伤害。

3．答：对接触面进行清洁，用细钢丝刷除去表面氧化膜，使用细锉锉去的毛刺，用砂纸将接触面研磨平整（镀银层除外），再用干净的棉纱蘸无水乙醇将接触面擦拭干净，然后用去油剂除去表面上的油污，等表面干燥以后，先预涂 0.05～0.1mm 厚的电力复合脂（导电膏），抹平，用铜丝刷轻轻擦拭，然后除去膜层，擦拭表面、重新涂敷 0.1mm 厚的导电膏，最后将接触面叠合；紧固螺栓，紧固过程应对角、按力矩逐级进行紧固；外观清扫检查，相色检查。